novum pro

Konstantin Nopel

ROMEA UND JULIUS

Das Dorf der Gleichgültigkeit!?

Wie man dem Urbanen der Gleichgültigkeit entkommt!!!

novum pro

Bibliografische Information
der Deutschen Nationalbibliothek:

Die Deutsche Nationalbibliothek
verzeichnet diese Publikation in
der Deutschen Nationalbibliografie.
Detaillierte bibliografische Daten
sind im Internet über
http://www.d-nb.de abrufbar.

ISBN 978-3-99064-861-2
Lektorat: Alexandra Eryigit-Klos
Umschlagfoto: Konstantin Nopel
Umschlaggestaltung, Layout & Satz:
novum Verlag

Gedruckt in der Europäischen Union
auf umweltfreundlichem, chlor- und
säurefrei gebleichtem Papier.

www.novumverlag.com

Inhalt

Vorwort!

Den Zeitgeist der heutigen Gesellschaft sowie die Kernaussagen der heutigen Zeit zu treffen, das ist ein Versuch dieses Buches!

„Romea und Julius“ ist eine Offenbarung der heutigen Zeit und deren Fragen und keine Romanze!

Obwohl es eine spannende Abhandlung ist, die wichtige, brisante Themen diskutiert, kann es nicht als eine Sammlung von Kurzgeschichten angesehen werden.

Doch warum hat es den Titel „Romea und Julius“? Und warum heißt die Geschichte: „Das Dorf der Gleichgültigkeit?“ Und warum der Zusatz: „Wie man dem Urbanen der Gleichgültigkeit entkommt!!!“?

Nun, die Geschichte entstand, als ich in einem kleinen Bergdorf in den Schweizer Alpen verweilte! Ich fragte mich, ob ich an dem Ort bleiben wollte, und ich glaubte zu wissen – während ich dieses Buch schrieb –, dass ich – nachdem ich es beendet hatte – noch eine Weile bleiben wollte!

Romea ist weiblich und Julius männlich. Der Grund für die Verdrehung der Liebesgeschichte von Romeo und Julia ist folgender: An diesem Ort verkehren und wohnen Kraut und Rüben. Allen ist und war dies gleichgültig. Und in der heutigen Zeit, wo es nicht nur Heteros, sondern auch Transen, Transas und Annouschkys und was weiß ich noch gibt, ist dies langsam verständlich. Und in diesem Dorf war das nicht immer so. Aber ich vermute, dass dies heute allen mehr oder weniger egal ist und so leben alle an diesem Ort irgendwie fast wie namenlos zusammen und denen scheint dies gleichgültig zu sein. Und trotzdem ist es ein Dorf der Gleichgültigkeit; aber alle wollen hier sein und gleichzeitig hier weg und trotzdem scheint es so zu sein, als ob der Leser am Ende dieses Buches dies weiß!

Trotzdem ist es kein Roman, und man sollte mir diesen Titel nicht übel nehmen. Man vermutet ihn nicht bei mir, denn ich bin wissenschaftlicher Schriftsteller, da ich normalerweise keine Liebesromane schreibe. Aber es ist ein Zeichen meiner Wertschätzung und ein kleines, hoffentlich passendes Geschenk für dieses kleine Dorf, wo ich eine ganze Weile hängen geblieben war und auch noch bin, während ich dieses Vorwort schreibe …

Im Sommer 2019
Konstantin Nopel

Namenloses Etwas!?(!)

Irgendetwas Grauenhaftes greift nach uns! Es ist namenlos und trotzdem vorhanden. Etwas, was einer gleichgültig, gewissenlos, pedantisch wichtigtuerisch, und einer peniblen Unverfrorenheit gleichzusetzen ist. Unwichtige Dinge scheinen wichtiger zu sein als wichtige. Und man meint, dass man skrupellos dem helfen soll, der am meisten zu sagen hat. Aber, was gerade wichtig zu sein scheint, muss jeder selber wissen, aber man bleibt seinen Überzeugungen treu, obwohl man vielleicht trotzdem nicht im Recht ist, nur um irgendwo dazuzugehören; obwohl es Leute verletzt. Es braucht eine Weile, bis irgendwelche Argumente und Leute einen eben überzeugen können. Geld ist überall vorhanden, aber Macht nicht mehr greifbar. Man versucht eben mit sich im Reinen zu sein und zu seinen Überzeugungen zu stehen und gegebenenfalls ihnen treu zu bleiben und so zu leben, wie einem das Herz gewachsen ist. Das heißt, man kauft Dinge, die man vorher nicht gekauft hat, aber man lebt nicht gerade verschwenderisch. Man versucht eben sein Leben zu leben und Dinge zu tun, die einem entsprechen.

Man/frau geht eben öfter zu einem Hur(i) als früher. Tut pedantisch arbeiten und eben auch versuchen, seinen/ihren Teil zum Ganzen beizutragen. Man wagt sich eben an Dinge, die vorher nicht möglich waren, und auch, weil man heutzutage eben tut, was man wichtig und richtig findet!!! Man gönnt sich und tut Dinge, die einem guttun. Und es gibt wieder mehr Leute, die rauchen, obwohl diese warnenden Schilder auf der Packung stehen, was die Gesundheit anbelangt! Man/frau gesteht sich diese Dinge ein, steht aber in der Öffentlichkeit entweder dazu oder eben nicht. Viele, die vorher homo waren, sind geoutete Heteros, aber nur die, welche es wirklich sind. Die Leute machen eben nicht jeden Modetrend mit – andere wiederum sind treu und ergeben! Der Mittelstand nimmt ab, die Armen und Reichen zu. Und trotzdem diese Gleichgültigkeit, die es seit Kurzem gibt! Oftmals sucht man nach Antworten, die nur einen selbst interessieren, sucht sie dann aber publik zu machen und versucht dazu zu stehen!!

Öfter stehen Penner dazu, dass sie leben, und Intelligente, dass sie onanieren und masturbieren, und obwohl es diese Gleichgültigkeit gibt, ist man im Großen und Ganzen zufrieden! Man lebt in einer Zeit, wo die Zufriedenheit in Frieden und Einklang mit einem selbst sehr wichtig ist! Immer noch gibt es Leute, die sagen, dass sie keinen Menschen haben, aber man lebt nach dem Motto: „Ich habe lieber niemand als jemand, der mich stresst, und ich habe lieber niemand und tu Dinge, die ich mag, als eine Herde Halbaffen!!!!"

Dampfwalze!!!

Alles überrollt einen. Auch die Gleichgültigkeit! Irgendwie scheint alles banal und langweilig zu sein. Auch nach dieser langen Zeit, wo Krieg und Frieden geherrscht haben – auch der Kampf nach der Freiheit! Oder vielleicht nach der Unabhängigkeit! Viele haben plötzlich eine erlösende Idee und versuchen sie in die Tat umzusetzen. Und das bedeutet unabhängig von den üblichen Konventionen. Auch finanziell unabhängig. Was viele schon sind. Aber aus Langeweile oder Einsamkeit arbeiten!! Und die, welche es schaffen, sich von der Idee eine Existenz aufzubauen, auch wenn sie nicht wirklich funktioniert, die haben nicht unbedingt mehr Lebensqualität, sondern sind unabhängig von dem täglichen Trott – weil sie eine Idee ausarbeiten, die ihnen entspricht, weil sie von ihnen stammt. Eine Idee ohne Erfolg macht nicht unbedingt glücklich, aber falls dann der Erfolg kommt, ist man der glücklichste Mensch auf dieser Welt! Und dann hat man die Bestätigung der Idee. – Aber wenn man eine Tätigkeit hat, die einen nicht befriedigt, ist es dann nicht schlimmer? Nun, man kann auf verschiedene Arten glücklich werden. In der heutigen Zeit ganz besonders! –

Man muss deshalb aufpassen, dass einen die Welt nicht wie eine Dampfwalze überrollt! Jedoch stellt sich die Frage: Können nur solche Dinge einen wie eine Dampfwalze platt walzen? Nein. Aber das ist ein guter Anfang für die erste Zeit! War die Welt nicht schizophren und geisteskrank? Es gibt jedoch nicht viele, die sich dessen bewusst gewesen sind! Jedoch – was ist sie jetzt? Etwa immer noch? – Aber was ist sie jetzt, falls sie's nicht mehr ist? Etwa normal? – Aber was ist normal? Ist das nicht relativ? Nun, vielleicht könnte man sagen, dass es beides gibt? Normales und Abnormales? Abnorm vielleicht? Denn Abnormales kann nicht der Teil des Normalen sein, aber parallel zur Normalität laufen. Wie Leute, die fern von der Realität und Zivilisation leben? Aber muss man sie absondern? Nein, nur akzeptieren. Und darüber sinnieren. Vielleicht darüber philosophieren, über sie schreiben, malen und berichten. Aber vergessen wir nicht, auch über die Normalen zu berichten, und vor allem sollten die Normalen normal bleiben! Denn normale Menschen sind normal und die abnormalen Menschen sind in ihrer Abnormität eben auf ihre eigene Art und Weise auch normal! Zumindest könnte die Anomalie sich einigermaßen normal benehmen und normal verhalten.

„Aber – bin ich so daneben?“, fragte mein Freund.

„Nein – du bist eigentlich ganz okay!“

Frauen fordern Sex!

Wer kennt nicht das Gerücht: *Männer wollen immer nur das eine!*? – Doch entspricht dies der Wahrheit? Und vor allem: Sind es tatsächlich die Männer, die immer nur das eine im Kopf haben? Was ist, wenn es genau umgekehrt ist? Nun, Sex ist eine ernste Angelegenheit! Sex ist etwas Unanständiges und Personifiziertes! Oder ist *pervers* das richtige Wort? Kann man Sex mit Anstand ausleben? Wohl die wenigsten können dies! Wer hat mehr Anstand: die Frau, oder der Mann? Welches Geschlecht lässt beim Sex mehr Anstand zu?

Grundlegend hat die Frau beim Sex weniger Anstand! Sie können sich eher gehen lassen und sind hemmungsloser als die Männer. Aber ob das bedeutet, dass die Männer im Großen und Ganzen anständiger sind als die Frauen, kann man wohl kaum behaupten!

In letzter Zeit gibt es immer mehr Frauen, die sich über die Frigidität der Männer beklagen und vor allem in der Beziehung mehr Sex fordern! Auch die Kinder werfen den Eltern vor, sie hätten zu wenig Sex. Und fordern (obwohl natürlich mit einem Augenzwinkern) ein Brüderchen oder Schwesterchen von den Eltern. Aber das sind wohl eher die größeren Kinder, die natürlich Bescheid wissen über diese dreiste Angelegenheit!

„Falls Sex eine ‚ernste' Angelegenheit ist, dann lasse ich es bleiben!", sagte einmal jemand. Ob das ein Mann gewesen ist, kann ich leider nicht mehr nachvollziehen!

Mein Sohn Istan Bul Nopel hat einmal zu mir gesagt (und ich sehe dies genauso): „Sex ist etwas, was man mit Gefühl und Lust ausüben soll! Denn wenn es keinen Spaß macht, dann sollte man/frau es bleiben lassen und sich trennen!"

Und seine Frau habe ihm gesagt: „Wir Frauen wollen nicht durchgeorgelt werden, mit dem Ziel, die Frau zum Höhepunkt zu bringen. Wir wollen nicht unbedingt sanft und behutsam – sondern ganz normal ‚geliebt' werden, ohne dieses Ziel zu erzwingen, und wenn wir uns dann gehen lassen können, dann kommt den Frauen dieses Ziel näher, als ihr Männer denkt!"

Also sanft und gefühlvoll? Nein, nicht nur! Man könnte aber sagen: „Also bringt die Frau mit der Sänfte dorthin!" Was immer dies bedeuten mag!

Doch warum bewilligen die Frauen in der Beziehung den Sex oftmals nicht? Vielleicht um Unannehmlichkeiten zu vermeiden und ihr ständiges Verlangen zu besänftigen!

Aber der Mann will das doch auch? Ja – vielleicht hat der Mann auch Angst vor der Konkurrenz des nächsten Males! Es ist doch nicht jedes Mal gleich gut!!

Es ist zum Heulen!

„Ach, jetzt mag ich plötzlich nicht mehr! Die Sache war so spannend, dass ich gedacht hatte, ich möchte nichts anderes mehr tun. Und nun ist die Situation ganz anders. Irgendetwas muss ich erlebt haben, dass ich meine Meinung geändert habe! Und trotzdem weiß ich, dass ich meinen Gefühlen nicht mehr trauen kann!“, erklärte er.

Worum es genau ging, ist nicht so wichtig. Aber nun bin ich am Boden zerstört und fühle es nicht mal. Alles scheint allen irgendwie bedeutungslos geworden zu sein. Die Leute gehen zwar wie selbstverständlich mit sich um, aber Beziehungen scheinen bedeutungslos geworden zu sein!

Man wird nicht wirklich fertiggemacht, aber eben doch! Die eigene Welt schwankt zwischen Gut und Böse, obwohl man Mensch geworden ist, und noch immer ist man nicht zufrieden!

„Ich wollte heulen und konnte nicht. Sonst breche ich leicht in Tränen aus und viel mehr kann man nicht erreichen, außer was man verdient. Die Leute hinterfragen die Dinge als Menschen und nicht wie früher mit dem Verstand! Die Weltkundigen behalten die Dinge für sich. Und diejenigen, die etwas können, sind rar geworden. Die alte gewohnte Weise funktioniert nicht mehr. Man/frau kann nur hoffen, dass die Suche nach neuen Dingen weiter vorangeht. Und die neuen Dinge sind alle erst im Anfang ihrer Entwicklung. Der Erfolg harzt, denn der neue Mensch ist argwöhnisch neuen Ideen gegenüber!

Und was nun? Man lacht argwöhnisch. Man streitet ohne Gefühle. Die Zukunft der meisten ist zwar gesichert, aber etwas können ist nicht mehr nur mit einem Diplom zu sichern! Die eigene Existenz muss gesichert sein! Viele arbeiten daran und waren in diesen Bemühungen schon erfolgreich! Die Leute schauen neue Ideen zwar an, hinterfragen nicht immer, hingegen fragen sie, von wem die neue zukunftsträchtige Idee stammt. Vielen ist bewusst, dass sie etwas erreichen können, wenn sie sich bemühen, aber sie wissen, dass nicht alles wichtig ist, weil es vieles und manches schon gegeben hat. Geld ist vorhanden, doch die wenigsten haben viel, weil sie sich seit Neuestem immer irgendetwas leisten, dass ihnen Freude bereitet. Aber zu mehr reicht das Geld nicht; die Kraft dazu hat man auch nicht, aber wenn man sich dann etwas geleistet hat, verspürt man ein Gefühl der Freude. Vergangenes war für viele zu ändern; es war zum Heulen und nun kann man sich an etwas Neuem erfreuen!

Man muss, außer ich selbst?!

In einer Zeit wie dieser versuchen viele einem etwas Bestimmtes vorzuschreiben. „Du musst das so machen!“, hat mal einer gesagt. Nun er schien sich seiner Sache vollkommen sicher zu sein. Doch ich war der Meinung, dass etwas anderes infrage käme. Ich wollte das andere und vertrat nicht seine Meinung, weil es meine Angelegenheit war. Also tat ich das andere. Nun, der andere konnte bei seiner Meinung bleiben, ich blieb stur meiner Meinung treu, und dies stellte sich für mich als richtig heraus. Natürlich hätte ich meine Meinung ändern können, aber dann wäre die Geschichte nicht besser ausgegangen.

Nun, dies erlebt man jeden Tag. In der heutigen Zeit ist so etwas an der Tagesordnung. Man soll und darf in so einer Weise nur nachgeben, oder etwa nicht, wenn man selbst den Sinn versteht und es niemandem schadet. Man soll und darf nicht immer seine Meinung ändern. Aber wenn man nicht im Recht ist, sollte man Größe zeigen und nachgeben. Man darf sich nicht kaputt machen lassen. Aber man muss sich bewusst sein, was man kann und vor allem was man nicht kann. Aber der Satz: Man muss, außer ich selbst – der ist vor allem gegen das Gouvernement gerichtet. Und dies in der heutigen Zeit? Wo nur noch an wenigen Orten Fuchs und Hase sich Gute Nacht sagen, da muss das Gouvernement aufpassen, was es tut. Denn sie denken und machen es sich manchmal etwas zu leicht. Sie denken, das Volk wird es schon schlucken. Wenn das Gouvernement klug genug ist, dann werden sie auch diese Dinge planen und bewusst durchziehen! – „Was soll das Ganze“, wird das Volk sagen, „so blöde sind wir doch wohl nicht?!“ So entsteht ein Wechselspiel der Extraklasse und man ergänzt einander! Die einen denken: „Na ja – die wollen uns die Arbeit aufhalsen!“

Die anderen wiederum denken: „Gut – sollen sie doch!“ Und die Wagemutigen denken vielleicht: „Also, gut, packen wir's an. Ich setze mich für die Geschichte ein!“

Man muss das, was man tut, selbst wollen. Man sollte das, was man tut, gerne tun. Vor allem in der heutigen Zeit. Seit Neuestem tut man Dinge, die man gerne tut. Und das ist in Ordnung! Heute muss man bei der Arbeitsbeschaffung nicht zu verallgemeinern versuchen! Seit Neuestem versucht man einen Arbeiter zu finden, der seinen Job gerne tut, und der bringt einem Unternehmen mehr als der höchstdotierte, diplomüberhäufte Spitzenmann oder die Spitzenfrau! Und dann wird das Arbeiten wohl auch dem Chef Spaß machen und dem Produkt wird man es ebenfalls ansehen. Und dann bezahlt man auch gerne den gewünschten Preis!

Hass aufs Gouvernement!

Es werden immer wieder Stimmen laut, dass das Gouvernement nicht hält, was es verspricht! Doch es gibt noch eine andere Bezeichnung und Form des Gouvernements, wenn man davon spricht! Ersteres bedeutet „Bulle“ (Polizei, Feuerwehr etc.) Als Zweites bedeutet es die Staatszugehörigkeit, z. B. eines Schweizer Bürgers; und denen gegenüber stehen die Staatenlosen! Das sind Leute, die keinem Staat angehören und die deswegen auch keine Steuern zahlen und keine Krankenkasse besitzen und eigentlich nicht mal Auto fahren dürften, obwohl sie es natürlich tun. Sie meinen, sie unterstünden keinem Gesetz, aber ich glaube, dass sie, wenn es wichtig hochkommt und wichtig erscheint vor dem Gesetz gleich behandelt werden! Zumindest würde man es so handhaben. Ich glaube aber, dass man in schlimmen Fällen eher von einer höheren Bestrafung ausgeht als im Normalfall, weil die Wirkung sonst gleich null ist. Zum einen Ohr rein, zum anderen Ohr raus – wenn es um etwas geht!

Aber, kann so ein Staatenloser einfach jemand umbringen vom Gouvernement? – Können ja – aber die Strafe wäre wahrscheinlich die gleiche. Einfach einen Schuss in den Schädel. Aus wäre der Traum! – Nun, das ist vielleicht ein Problem!

Aber – was ist, wenn sie ein Telefon brauchen und keine Adresse angeben können? Sie können doch nicht einfach in einer Höhle wohnen! Können schon, aber besitzen sie die Höhle? Ein Haus? Eine Telefonrechnung? – Müssen sie die bezahlen? Ich glaube, die Regeln sind trotz allem die gleichen. Aber wenn einem Staatenlosen ein Haus schon seit Urzeiten gehört hat, kann man es ihm dann einfach wegnehmen und selbst einziehen? Nein – das geht nicht, mir gehört immer, was ich mir nehme und was ich mir verdiene? So einfach wird es wohl nicht sein.

Aber jeder kann staatenlos werden! Auch heute noch. Man muss sich einfach überall abmelden und schon ist man staatenlos, wenn alle Fristen abgelaufen sind!!!

Umgekehrt genauso! Und welche Krankenkasse, falls man keine seit Geburt hat? Ganz einfach: Es gilt die Regel, dass die größte Krankenkasse einen aufnehmen muss, sie muss aber nicht einem Staatenlosen die teuersten Operationen bezahlen! Belege wollen wir nicht, Geld auch nicht, aber trotzdem habe ich meine Rechte? Nein, so geht das nicht! Man kann nicht etwa staatenlos werden und meinen, man könne sich jeglicher Verantwortung entziehen. Das Recht des jeweiligen Landes und die Menschenrechte gelten in dem jeweiligen Land, sonst werden einem Staatenlosen in der Regel einfach Beine gemacht!

Dagegen sein, obwohl man dazugehört!(?)

Immer wieder werden Stimmen laut, wenn man einen Entschluss fasst! Wenn sie einen verunsichern, hat man ein immenses Problem, mit dem man fertigwerden muss. Gibt es dann noch eine Chance für eine neue Idee, wenn man den Stimmen alles abkauft? Nun, es gibt dann nur einen Weg, man muss entweder stur hören oder stur nicht hören!

Kann man dann noch zu der Person dazugehören, wenn man sich widersetzt? Wohl kaum, oder doch? Möglich ist das, obwohl es eher unwahrscheinlich ist. In dem Fall muss man zu der Person stur Nein sagen. Doch verhält sich ein jeder so? Nein, wohl kaum.

Nun stellt sich die Frage, ob man die andere Person selbst noch akzeptiert? Und wenn ja, in welcher Form?

Kann man jemanden akzeptieren, wenn er einen selber nicht akzeptiert? Natürlich nicht! Es kommt darauf an, auf welche Art Weise man von der jeweiligen Person abgelehnt wird. Schlimm sind auch die, welche stur dableiben und versuchen, das Eis zu brechen, wo sie sich nicht wohlfühlen! Es gibt zwar Leute, die mit allen Menschen klarkommen, aber dann wiederum gibt es das pure Gegenteil.

Schwer zu verkraften sind Leute, die so tun, als ob sie gegen alles Neue und Tolle sind; sie sind aber nicht wirklich gegen alles Neue, tun aber so! Mit den Leuten kommen die wenigsten aus; nur die, die begreifen, dass sie nicht wirklich etwas gegen etwas Neues haben! Man kann nur mit solchen Leuten klarkommen, wenn man diese Haltung akzeptiert!

Jedoch kann man dazugehören, wenn man dagegen ist. Wie z. B. bei der Frage, ob staatenlos oder staatszugehörig. Gehört ein Staatenloser dazu, wenn er am Rand des Existenzminimums lebt und ihm null und nichts auf Dauer gehört? Bei den Sozialfällen wohl, nicht aber auf dem Sozialamt! Die Staatenlosen müssen heutzutage Unannehmlichkeiten vermeiden. Zur Rechenschaft ziehen kann man sie aber trotzdem. Aber nicht auf die gleiche Art und Weise!

Umgekehrt sind die Staatenlosen eher bereit, den Staatszugehörigen zuzuhören. Es gibt aber auch das pure Gegenteil, Personen, welche nie etwas, was vom Gouvernement kommt, akzeptieren können. Und die sind natürlich, wenn sie einmal bei einem Amt erscheinen und dann einfach alles ablehnen, abgeschrieben. Ich glaube, dass es zwar nicht einfach ist, immerfort gegen alles zu sein und gleichzeitig dazuzugehören, aber im Großen und Ganzen muss ein harmonisches Zusammenspiel möglich sein!

Eine Katholikin fordert ihre Priesterweihe! – Macht dies Sinn?

Gott nahm eine Rippe von Adam und machte Eva daraus! – Und ewig lockt das Weib?! Eine personifizierte Priesterin fordert ihre Priesterweihe!!! Zeit haben für Gott!?

Das sind alles so Phrasen, wie man sie aus sämtlichen Zeitungen und Fernsehen kennt. Sei es die Bibel, Literatur, Zeitungen, Zeitschriften und Sendungen aus Fernsehen, Radio und natürlich gibt es das Internet.

Dass in den Kirchen die Männer dominieren, weiß ein jeder! Dass aber auch Frauen diesen Weg gehen wollen, kennen wir von den Klöstern!

Das katholische Kirchenoberhaupt Papst Franziskus ist da anderer Meinung, wenn es um die Priesterweihe geht! Der Papst sei nicht verheiratet, zumindest was Papst Franziskus angeht, jedoch den Weg des Glaubens geht er mit Inbrunst! Es gab jedoch schon alles, was es nicht gibt: Päpste, die Frauen hatten, davon wissen viele! Aber jeder braucht jemand! Warum nicht auch der Papst, die Kardinäle und die Priester? Und sei es, wie üblich, eine Haushälterin?

Ich meine, natürlich können nicht alle verheiratet sein, aber braucht die Kirche unbedingt ein neues Kleid? Da gehen die Meinungen auseinander! Aber ein Kloster ist ein Kloster. Eine Ehe eine Ehe. Und wenn die Frau kein verbotener Apfel wäre, dann könnte es im Klerus bedeutend ruhiger sein, und die Gerüchteküche auch!

„Ich fordere die Priesterweihe!“, ruft eine Theologin. „Warum darf ich nur zum Predigen erscheinen?“

Gott hat den Menschen geschaffen! Hat er auch die Priester geschaffen? Und wenn ja … die Kirche ist einem alten Brauch unterworfen, der nicht ausradiert werden kann! Aber mit Anstand seine Ehefrau mit zum Gottesdienst bringen als Gläubiger, das kann doch jeder heutzutage?! Sein Kindlein taufen auch?!

Aber die Bibel nicht würdigen –, weniger! – Was gab's zuerst: Mann oder Frau – Frau oder Mann? Nun, ich gehe dieser Frage schon seit Jahren nach und finde an einer Frau nichts Schlimmes, schließlich habe ich auch eine Mutter! Und einen Vater!! Geistreich bin ich auch und an einen Gott kann ich auch glauben!!! Ich fordere es nicht, aber Ministerinnen gibt es überall, es kann jedoch auch sein, dass die Frauen und Männer Harmonie im Zusammenspiel mit Gott zelebrieren – und der Leib Christi in seiner unendlichen Vielfalt sich im Klerus widerspiegeln könnte in Gesundheit und Krankheit! Nun, die Bibel ist 2000 Jahre alt und Jesus ist im Jahre 2030, seit 2000 Jahren am Kreuz verstorben!

„Ich bin ein Homo errectus!"

„Warum will er denn nicht?", fragte das Mädchen. „Er ist irgendwie nicht so, wie er tut!", sagten alle Mädchen, „aber ich hätte gerne Sperma von ihm."

Das Mädchen schüttelte den Kopf: „Jedes Mal wenn ich will, zieht er sich aus der Misere. Warum denn, Mutter?"

Die Tochter war im Gespräch mit der Mutter. Es ging um ihren Busenfreund, der sie anbaggerte und dann immer einen Grund fand, es trotzdem nicht zu tun. Es sei besser, wenn sie es nicht täten, denn sonst wäre sie im Eimer! – Dieses Argument brachte er immer – fast jedes Mal, wenn er sie traf! Und ob Sie es glauben oder nicht, sie fand auch immer einen Grund, es nicht zu tun, wenn sie mal fast musste! Sie empfand ihn als einen Draufgänger und gleichzeitig einen Versager! Dazu ermunterte sie ihn mehr oder weniger sogar noch! Und wenn er zu einer Verabredung kam, rieb er vorher seinen Pimmeldimmel, und dies fand sie nicht in Ordnung!!! –

Er aß den ganzen Tag fast nur Früchte und Gemüse und das Ganze immer in einer bestimmten Reihenfolge und dann begann er wieder von vorn! Und dann pflegte er plötzlich ein blutiges Steak zu braten und zu essen, und das fand sie ein bisschen überkandidelt; sie pflegte es mit anderen Männern zu tun, sonst hätte sie dies nicht ausgehalten. Diesen ständigen Reizen ausgesetzt zu sein!

Ihm ging es ähnlich! Er tat es auch manchmal – aber sehr selten. Immer peinlichst darauf bedacht, es mit jemandem zu tun, der es aushalten konnte und nachher nicht einen Schaden davontrug!

Nur sehr selten sprach er aus, was er war und wer er war. Und das stieß auf großes Erstaunen! Vor allem, weil die meisten dachten, so etwas gäbe es schon gar nicht mehr!(?)

Einmal traf er einen alten Freund, und als der ihn erkannte, sagte er: „Ich glaubte, dass du gar nicht mehr lebst!!!!!! Wie kommt das?“

„Ja, meinst du, du bist der Einzige, der all die Tausende und Abertausende von Jahre überlebt hat?“, fragte er.

„Also, ich mag nicht mehr“, sagte sie. „Ich glaube fast, du bist mir zu anders als die anderen!“

„Ja, aber wir haben doch eine Abmachung?!“, tat er überrascht! „Ich meine, wenn es nicht geht, bin ich gerne bereit, einen Kompromiss einzugehen!“

„Warum kannst du mir nicht endlich sagen, was mit dir anders ist?“

„Also gut. Vielleicht hast du Verständnis: ICH BIN EIN HOMO ERRECTUS!!!!!!“

Ein Seuekova-Ehepaar!

Auf den ersten Blick wirkten sie genau gleich und trotzdem anders. Sie waren die Zuneigung und Liebe in Person. Ich hatte das schon lange nicht mehr erlebt! In der heutigen Zeit – als Ehepaar fast ein Ding der Unmöglichkeit. Man hätte fast meinen können: Das sind Romeo und Julia aus dem Altertum! Die Leute waren überrascht und entsetzt zugleich, und ich hatte fast schon Angst, man würde irgendwelche Bemerkungen fallen lassen! Ich war froh, endlich wieder einmal einem mehr oder weniger „normalen" Liebespaar zu begegnen! – Doch schlussendlich ließen die Leute sie in Ruhe und man achtete nicht mehr so darauf!

Wie in vielen solchen Begegnungen auf sentimentaler Ebene ging es telepathisch hin und her. Es gab fast einen Krawall im gerammelt vollen Speisewagen, in dem es nur von Biertrinkern wimmelte! Es gab auch viele verschiedene Leute und schlussendlich rückten sie mit der Wahrheit heraus: „Wir sind zwei Homo Seuekova und mindestens eine Million Jahre jung!!! –

Wir kamen aber nicht nur telepathisch ins Gespräch. Sie erzählten, dass sie in einer modern ausgebauten Höhle mit Hi-Fi-Stereoanlage wohnen würden, die sogar ein abschließbares Schloss hatte!!

Als wir uns schließlich trennten, kehrte nicht nur in mir wieder Ruhe ein. Ich war nachdenklich geworden. Und nun wunderten sich die Leute, dass ich jetzt ungewohnt ruhig war, nicht nur im telepathischen Sinne. Da meine Ehefrau Sosassa nicht zugegen war, konnte ich mir dies natürlich leisten, aber es war schon komisch, was die Leute – im Gegensatz zu diesem irgendwie einfachen und trotzdem nicht einfach beziehungsgedemütigten Ehepaar – für Deppen waren, wenn es ums Thema

Liebe ging. Immer nur auf die Frage bedacht, was denkt derjenige, wenn ich dies oder das tue!

Nun, man denkt an Staatenlose, wenn man den Begriff Staat mit Höhlenbewohnern verbindet! Aber diese beiden waren es nicht, weil sie Ausweise und Abonnemente hatten; und wie ich's bei so jung gebliebenen Leuten schon oft beobachtet hatte: Sie gingen mit der modernen Welt souveräner um als so manche junge Leute von heute! Es musste an ihrem Erfahrungswissensschatz liegen. Der zwar nicht ganz so groß sein soll, wie derjenige des Homo Errectus zu sein schien, dafür aber umso weiser und klüger und im Zwischenmenschlichen uns vielleicht nicht überlegen, aber ruhiger als der moderne erfahrungsspezifische Wissensschatz!

Alles um nichts in der Welt sollte man es versäumen an diese beiden „jungen" Menschen zu denken, wenn man einmal nachdenkt, was wir heutzutage mit unserem Beziehungsleben machen. Sie scheinen sich noch zu mögen!

Transen-Res für Heteros!

Transenfieber oder Transenmanie könnte man es nennen. Warum gibt man sich nicht damit zufrieden, nur normal zu sein?(!) Jede Göre hat so etwas intus und beklagt sich darüber, dass sie im Bett nicht zum Höhepunkt kommt! – Doch was bewirkt so ein Res? Ein Res, welches das Heterosein bedeckt und unter sich begräbt!

„Ich habe so etwas drauf, dann muss ich nicht wirklich Sex haben!" „Ich hab so etwas drauf, sonst komme ich zu stark!" „Waran liegt es, wenn man im Bett nur schwach zum Orgasmus kommt? Ich tue doch mein Bestes und treibe es immer exquisiter mit mehreren Partnern!"

Solche Stimmen werden immer lauter. Und die Männer beklagen sich, falls sie im Bett Schwerstarbeit leisten! Auch beklagt man sich darüber, nur noch wenig zu fühlen. „Das ging doch früher immer, warum jetzt nicht mehr!"

Nun, dieses Res wird gegeben und führt zu einer Unfähigkeit, schlafen zu können. In jeglicher Hinsicht! Sei es im Bett und auch im Bett!

„Ich bin Transe-interessiert, treibst du es mit mir?", fragte mich ein Mädchen. „Nein danke!", antwortete ich. „Ich bin keine Transe!!!"

Das und noch viel mehr höre ich jeden Tag und mir wird angst und bange, wenn ich nur daran denke!

Woran liegt es, wenn man einmal von all diesen Sprüchen absieht? Absicht oder Zuversicht? Man will doch hoffen, beides ist nicht wirklich die Wahrheit!

„Ich nehme dieses Zeug und sehe klarer!", meint eine ältere Dame und sieht mich prüfend und skeptisch an, wie wenn sie dicke Brillengläser anhätte.

„Haben Sie Interesse an mir, junger Mann?“, fragt mich eine ältere Dame, aber sie scheint nicht wirklich Lust zu verspüren!

Woran liegt es, dass alle diesen Müll draufhaben und diese Sprüche rauslassen?

Nun, wohl daran, weil niemand gewusst hat, was das Ganze sollte und was es auslösen würde!

Mit einem Transen-Res kann man nicht mehr schlafen und hört und sieht in Visionen! Außerdem betoniert diese Substanz die Heterogefühle zu und bedeckt sie, bis sie nicht mehr vorhanden sind!

Schön und gut, aber schlussendlich ist es dies nicht wert. – Es ist also schon viel getan, wenn man auch die Heterosubstanz einnimmt, sodass sie noch fühlbar ist.

Es gibt nur wenig Transengenders heute, Leute. Also, nicht ein jeder braucht diesen Müll! Darum rettet, was noch zu retten ist!

Handys funktionieren – eine Selbstverständlichkeit?

Im Zeitalter, wo es schon Android gibt, ist es fast eine Strafe für einen selbst, wenn das Handy eine Panne hat! Und es ist peinlich, wenn sich kein Strom mehr im Akku befindet!

Wer hätte früher gedacht, dass das Telefon später einmal ein kleines Wunderwerk sein würde!

Das Telefon, später das Wireless und dann das Handy und weiter das iPhone und Smartphone etc., kann inzwischen sogar den Blutdruck messen! Seit Neuestem kann man sogar den Drucker anhängen, eine Tastatur oder von der Ferne die Ladenbeleuchtung und die Alarmanlage bedienen!

Das Problem bei den neuen Handys ist bloß, dass sie so einfach zu handhaben sind, dass sie wegen all dem, was sie alles können, man/frau sie trotzdem fast nicht selbst bedienen kann! Dass es keine Einweghandys gibt, ist geradezu ein Wunder!

Doch warum haben alle immer ihre Handys in der Hand, obwohl sie gar nicht wirklich telefonieren oder die berüchtigten SMS und MMS abhören? Irgendwie ist dieses Handygefummel zur Mode geworden! Vor allem die Jungen haben angeblich alle ein Handy, jedoch besitzen auch uralte Leute komischerweise ein Handy und können es sogar ziemlich gut bedienen! Besser als alle mittelalterlichen Mittvierzigjährigen!

Und seit Neuestem gibt es eben das Android, als sogenannte Wachablösung von Windows und Macintosh. Die Software wird zwar von Microsoft hergestellt, aber die Erwartungen sind nicht, wie erhofft groß, weil die Leute eigentlich überhaupt nicht wissen, was sie davon halten sollen und worum es dabei geht! Um es zu sagen: Windows und Macintosh sind zwar nicht vorbei, aber es ist nichts bahnbrechend Neues zu erwarten. Android gilt als das neueste Betriebssystem in allen technischen computerbetriebenen Wunderapparaten und man stellt große Erwartungen daran. Es gilt als das einfachste, simpelste Computersystem, das auch Deppen bedienen können! Mit Windows-Kenntnissen fast problemlos!!!

Viele der ganz großen Marken und Firmen haben einen Punkt erreicht, was auch die Betriebsführung angeht, wo alle Ideen des Gründers und der Führer schon ausgeschöpft sind. Und das bedeutet, dass nichts Neues zu erwarten ist und dass man auch nicht gewillt wird, es anzubieten. Auf der ganzen Welt ist schon vieles da gewesen. Es gibt viele Leute, die sagen, dass sie alles schon erreicht haben. Die Welt hat neue Firmen und Männer sowie Frauen sowie junge Leute und vielleicht auch Kinder mit neuen Ideen und Lebensanschauungen bitter nötig. Also ran ans Werk! –

Kinder, die Sex haben! – Vorbild oder fehl am Platz?

Viele Kinder beklagen sich, dass ihre Eltern, oder die Erwachsenen allgemein, keinen Sex hätten! Und sie wollen, dass sie ihnen ein kleines Brüderchen und Schwesterchen zaubern! Schämen sich die Erwachsenen etwa vor ihren Kindern? Oder ist die heutige Gesellschaft so lustlos geworden? Oder wollen sie nicht, dass die Kinder sie imitieren? –

Es gibt jedoch viele Kinder, die selbst in ihrem Alter schon Sex haben! Und das meistens bis zum Exzess, teilweise sogar bis zur Perversion. Denken die Kinder etwa: Wir können dies gefahrlos tun, weil man es uns nicht übel nehmen kann, oder: Wir spielen ja bloß, wenn jemand fragt, oder: Wir tun nur so, oder sogar: Wenn schon nicht die Erwachsenen, dann animieren wir sie halt dazu? –

Es gibt aber auch Erwachsene, die, falls sie merken, dass ihre Kinder Lustgefühle haben, sie für ein „Taschengeld" missbrauchen – auch regelmäßig!!! – DAS GEHT GAR NICHT!

Sind kleine Kinder, im Hinblick auf ihre Babyhaut, nicht besonders reizvoll?(?)

Kinder sind leicht anzuleiten, wenn man es richtig macht! Und wenn man ihnen den Sex sogar beibringt, wie sollen sie es dann besser machen?

Das Problem ist nur: Kinder haben noch keinen voll entwickelten Körper und auch kein voll entwickeltes Hirn; ferner auch keine voll entwickelte Libido, die der eines Erwachsenen entspricht!!! Das bedeutet, dass sie ferner nicht einmal die Möglichkeit besitzen, sie in einem Maße auszuleben, das sich lohnt, weil sie gar nicht richtig zum Höhepunkt kommen können! Und somit sollte man, wie man ja weiß, mindestens bis zum 16. Altersjahr warten, bis man sie schiebt! – Dies ist ja durch das Schutzalter international geregelt, aber nicht alle Kulturen der Erde machen dies in einer Weise mit, die man als vernünftig bezeichnen kann! –

Also, Kinder: Gebt fein acht, und wartet, bis es kracht! Es ist zwar ein süßer Traum, es uns Erwachsenen gleichzumachen! Aber das ist der Preis der kleinen Leute, dass man sich nicht wie ein Erwachsener verhält, und so muss oder sollte man, solange man Kind ist, sich auch wie ein Kind verhalten! Genauso wie wir Erwachsene uns nicht gut wie kleine Kindsköpfe verhalten können!! Man ist entsprechend seiner Größe und muss dementsprechend Größe zeigen! Es ist wie ein Hund, der ein Hund ist und den man auch nicht einfach als Sauhund bezeichnen kann!(?) Oder Schweine im Weltall. Na ja, auch ihr Erwachsene wisst, was ich meine! Also, mit Anstand!

In einer Zeit, wo man einfach nur hat, geschehen Dinge vor Ort!(?)

Vielleicht ist Ihnen schon aufgefallen, dass wir zwar alles haben, aber in einer Zeit leben, wo wir uns nicht mehr von jedem blenden lassen und allen alles einfach nicht nur so abkaufen! Diese Erkenntnis führt zu einer missgünstigen Stimmung, die uns dazu veranlasst, manchmal Dinge einfach nur so zu erledigen, damit sie erledigt wurden! Dies heißt aber nicht, dass wir alles einfach nur so abtun und wir eine Larifari-Arbeitsmoral haben oder haben wollen würden. Aber manchmal haben wir eine Larifari-Arbeitsmotivation! Unsere Arbeitseinstellung entspricht der eines jugendlichen Erwachsenen, soll aber meistens zur Verbesserung unserer Lage dienen!

„Dinge vor Ort" heißt hier so viel wie „eine Schallplatte zur Weltverbesserungszeremonie", auf der es darum geht, Dinge abzuschaffen, welche die Welt in den Ruin treiben könnten! Und darin sind wir meistens hochbegabt!

Bei den Geschehnissen vor Ort sind wir wieder beim Thema der Gleichgültigkeit angelangt! Seit einiger Zeit können einfache Dinge uns alles bedeuten und Dinge der Großoffensive rein gar nichts! Obwohl sie oft gut gemeint sind, lassen uns extreme Dinge kalt und Schwachstrom-Offensiven tun uns meistens gut!

Doch was müssen wir machen, um aus dem Dorf der urbanen Gleichgültigkeit wegzuziehen? Die Gegend verlassen oder um unsere Rechte kämpfen? Oder einfach larifari so weitermachen?

Nun, wegziehen allein ist oftmals keine Lösung in Anbetracht dessen, dass man hier doch einen Teil seines Lebens verbracht hat! Wenn wir dies tun würden, käme das dann nicht einem Aufgeben von dem, was uns einst alles bedeutet hat, gleich? Man kann doch nicht alles einfach stehen und liegen lassen! Denn aus irgendeinem Grund wohnt man ja hier in diesem Dorf und nicht in der Stadt. Eine Stadtgegend ist meistens nicht so wahnsinnig schön! Also, warum nicht aufs Land ziehen?

Also vielleicht in einen Vorort ziehen? Nein, das ist soso und lala! Also müssen wir um unser Dorf kämpfen! Um ein Dorf der Gültigkeit! Oder ganz etwas Neues? Man kann doch nicht einfach alles hinschmeißen, was einem einmal viel bedeutet hat! Vor allem, wenn man gar nicht vorhat, sich zu ändern – und vor allem nicht vorhat sein Leben zu ändern!?

Vor allem, wenn es keinen Ersatz gibt!(?) Nun kommt ein Penner im Bademantel und sagt: „Einfach, alles gleich weitermachen, alles raus, was keine Miene zählt? Und vor allem: Einfach larifari und soso und lala weiter …!“

Von Ort zu Ort!

Es gibt Leute, die ziehen von Ort zu Ort. Aber nicht jeder Ort ist gleich und entspricht dem vorherigen, was Charakter und Wärme bzw. Kälte angeht! Aber ein jeder empfindet dies anders. Nicht jedem gefällt jeder Ort; und manch einer ist schon mal an einem Ort hängen geblieben und dann kopfüber von einem Augenblick zum nächsten abgereist! Wieder andere kommen wo an und spüren: Hier bin ich zu Hause! Wiederum andere wohnen auf dem Lande lieber als in der Stadt!

Manch ein Ort ist nach einer Weile wie zum Verzweifeln. Und so manch einer fasst plötzlich den Entschluss auszuwandern, und andere wissen seit der Kindheit, dass sie den Ort, wo sie aufwachsen, verlassen wollen – wenn sie mal groß sind! Doch am schlimmsten dran sind die Personen, welche sich nie irgendwo wohlgefühlt haben; oder andere wiederum fühlen sich fehl an dem Platz, wo sie sind!(!)

Es gibt auch Personen, die sich an einem Ort wohlfühlen und dann plötzlich nicht mehr so ganz zufrieden sind und dann wegziehen wollen – aber nicht wissen, wohin. Also gibt es nur einen Weg: sich an dem Ort wieder wohlzufühlen, wo sie sich gerade befinden. Und wenn das nicht geht, was dann? Wenn es keinen Ersatz für den Ort gibt? – Entweder ausharren, gehen oder woanders zuerst hingehen und erst dann überlegen, wo die Orte sind, wo man sich wohlfühlen könnte?!(!)

Viele Wege führen dorthin, wo man sich befinden will! Aber wenn man dorthin geht, gibt es dann auch einen Weg zurück? Will man überhaupt zurück? Will man nur manchmal zurück? Oder Hals über Kopf den Ort hinter sich lassen? Oder erst nach einer Weile gehen, wie es oft nicht anders geht?

Jeder kommt oder verlässt einen Ort auf eine Art und Weise, wie es ihm gerade gefällt! Andere wiederum kommen und gehen, wie es ihnen gerade gefällt und wie es ihnen in den Kram passt! Sie gehen von Ort zu Ort und fühlen sich nirgendwo zu Hause.

Aber was ist mit denen, die sich an einem wunderbaren Ort befunden haben und sich dann plötzlich an einem gottverlassenen Ort befinden? Die Beine in die Hand nehmen?

Die meisten sagen: „Nein, der Ort ist zu schön, um wahr zu sein! Ich kämpfe um den Ort und meine, das Richtige zu tun. Er muss wieder dieser traumhaft schöne Ort werden und darf nicht an Attraktivität verlieren! – Es gilt eben auszuharren und ihn zu verschönern. Denn der Ort der Orte war er und wird er immer bleiben! Bis er weiterlebt und überlebt und weiterlebt und …!

Der Geist verdorrt?!

Manch einer ist halb verhungert und verdurstet, weil sein Geist sich nicht mehr offenbart! Schwach sei das Fleisch, der Geist sei willig, aber im Großen und Ganzen noch oder wieder vorhanden! –

Doch gibt es nicht auch diejenigen Menschen, bei denen alles verdorrt ward?! Und die trotz allem zum Leben fähig sind, außer zu etwas Geistreichem?! – Nun, offenbar gibt es dieses Phänomen schon lange, aber betrifft es nicht immer die gleichen Leute? Man sieht doch allen an, was sie sind!(?) Woher sie kommen? Welchen Beruf sie haben? Wie sie denken? Was aus ihnen mal werden wird? –

Hat das ausgedörrte Feigenprinzip nicht auch mit der physischen Seite des Lebens zu tun? Können holzmagere Frauen und Männer, die nur noch Haut und Knochen sind noch am Leben bleiben? – Hat die das Mark des Lebens schon ausgesaugt?!(?) Man bezeichnet das doch so!(?)

Sehen wir die Situation doch ein wenig nüchterner! Wenn man einen ganzen Tag nicht isst und trinkt, sieht man dann alles nicht ein wenig nüchterner? Ich habe das vor einer Weile so beobachtet! Die Wahrheit wird zwar nicht feiner, wie bei einem Menschen, der urplötzlich vegetarisch isst, sondern nüchterner. Sie wird auch nicht – wie fälschlicherweise häufig angenommen – besser, sondern ernüchternd vulgärer und personifizierter! Und sie entspricht nicht unbedingt der Wahrheit!(?) Und wenn man leicht beeinflussbar ist, dann ist man unfähig, sich gegen schlechte Gesellen abzuschotten!!!(?)

Man lernt also nur teilweise die Wahrheit kennen!

Nun drängt sich unweigerlich die Frage auf: Was um alles in der Welt bedeutet dies?

Ist die Wahrheit so nüchtern anzusehen? Und vor allem: Muss man sich immer mit der Wahrheit abfinden? Egal, worum es dabei geht?

Es gibt Leute, die kämpfen in jeder Situation um ihre Selbstachtung und geben so einen sturer Blödsinn von Metaphern von sich, dass man meinen könnte, man glaube es kaum!

Nun, man kann das Mark des Lebens in sich aufsaugen, wie man will: Aber schlussendlich ist nicht *alles* so extrem wichtig zu nehmen!

Nicht alles muss euphorisch sein. Nicht alles ist ein leidenschaftliches Pathos! Man darf auch mal Dinge auf der normalen Ebene durchziehen!!!! Und vor allem: Es gibt nicht nur rosarote Wolken! Es gibt auch Gewitterwolken. Und zu guter Letzt: Wir wollen keine verwässerte Version eines ausgedörrten Lebens haben!

Oh, du Geist der alten Zeiten, in diesem Sinne, lass uns streiten!

Schon zu Urzeiten wurde gestritten. Vor allem in der Bibel. Das Erste, was geschah, war ein Mord. Kain erschlug Abel! Kann man sich denn in Zukunft nicht nur auf Streiten beschränken? Kein Mord und Totschlag mehr?(!) Kann Streit nicht so etwas wie eine Zeremonie werden? Ohne ein bitteres Ende? Nur, um etwas zu veranschaulichen? Man kann nicht gut mit einem Mord etwas veranschaulichen! Oder doch? – Wie viel ist wahr von dem, was man über Streit, Mord und Totschlag liest?

Viele Dinge aus alten Zeiten kommen wieder auf! Immer und immer wieder werden die alten Zeiten und die alten Geschichten gebracht!(?) Warum nicht einmal etwas ganz Neues? – Das kann man sehen, wie man will. Geschichten, die Erfolg versprechend gewesen sind, bringen die Texter wieder, montieren ihnen einen Hilfsmotor, streichen ihnen etwas Farbe an und verkaufen sie wieder als neu gestaltet und neu bearbeitet. Nur mit den klassischen Dingen kann man dies machen. Unvergängliche Dinge eben, die einen unsterblichen Charakter haben und deshalb gewürdigt werden müssen!

Nun, es ist eine Angewohnheit des Menschen, dass man sich streitet. Aber dass es dabei immer um alte Zeiten geht, ist nie Absicht gewesen! Dass wir immer weniger streiten wollen, das haben wir uns schon oft fest vorgenommen! Es gibt genug andere Dinge, die wir stattdessen tun können!

Wie schon erwähnt, kommt in der Bibel genug Streit vor. Ich glaube aber nicht, dass es im Sinne des Glaubens ist, Streit zu haben – ihn zu suchen und auch zu finden! Ist nicht auch viel von Frieden die Rede? Frieden auf Erden, im Namen Gottes …

In diesem Sinne dürfte Frieden über uns kommen. Und wir auch innerlich zur Ruhe kommen! Bis in alle Ewigkeit!!!

Jedoch gibt es noch viele schlimme Dinge und böse Menschen. Wir hoffen, nie wieder einen der großen Kriege stattfinden zu lassen!!!

Nun, Sie werden sagen, dass jeglicher Krieg Unsinn war!(?) Natürlich gab es für jede schlimme Zeit einen Grund und wenn man in der Geschichte nachliest, findet man ihn natürlich auch! Vielleicht braucht es in Zukunft mehr Bücher über den Frieden als über den Krieg. Ein sogenanntes Friedenstagebuch. Ein Buch ohne Ende – ein Spiel ohne Grenzen!

Lassen wir die alten Zeiten wiederaufleben, macht Frieden – keinen Krieg. Streiten wir doch noch ein bisschen über die Zukunft! Bis wir ganz sicher sind, dass wir nichts umso mehr brauchen – als die Liebe!!

Doch es war nur ein Traum(?)!

Wer kennt sie nicht alle, die Träume der Jugend! „Wenn ich mal groß bin, werde ich ein(e) berühmte(r) Soundso!“ Oder: „Ich lerne alle Sprachen, die es gibt!“ Oder: „Ich finde einen Weg, die Unsterblichkeit zu erlangen!“

Nun, das sind verwirklichbare Pläne! Und dann passiert etwas und aus ist der Traum und man muss seine Ziele und Pläne neu überdenken. Doch ein Traum kann auch eine Art Vision sein. Oder der Traum, nachts zu schlafen und etwas Süßes zu träumen!

Ein traumhaftes Liebeserleben oder war es ein Traumata?!

Und dann gibt es einen Bruch und man wacht auf und man merkt, es war nur ein Traum!(?)

Einfach traumhaft, ein Gedicht, diese Nachspeise! Traum und Wirklichkeit. „Aufwachen, Schlafmütze!“ Es war wie ein Traum, wir mussten die Vision einer bestimmten Zukunft nicht wahr werden lassen!

Und dann merkt man, dass man auf dem Holzweg ist, und man sucht und sucht und findet die Frau, den Mann der Träume nicht, da jeder der gleiche Egomane oder die gleiche Egomanin ist.

Schlussendlich ist man dann am Ziel seiner Träume und man hat die Anschlusslösung nach einem Versagen gefunden. Zwar nicht den Schluss, den man erhofft hatte, aber er war wenigstens ein recht akzeptabler, toller Anfang.

Bretter, welche die Welt bedeuten, sind meistens so wichtig wie „unser Lied“, welches nicht mit dem „Ende vom Lied“ zu verwechseln ist. Nun, schlussendlich findet man den Anfang, indem man den Anfang macht und dann – schwups – ist man wieder voll da und wenn man dann aufwacht, ist einfach nichts geschehen und man fragt sich, ob das Ganze nur ein Traum gewesen ist!?

Der Traum vom Lottogewinn und der Offenbarung der Ethik Gottes?(!)

Nun, grundlegend könnte man sagen, dass Mann und Frau vielleicht doch füreinander geschaffen wurden und man/frau nur ein bisschen Toleranz und gegenseitige Achtung – ein bisschen des eigenen Weges zurückstecken und man braucht sich trotzdem nicht zu trennen. Es war wie ein Traum gewesen, als wir uns das erste Mal geküsst hatten, und unsere Flitterwochen waren so schnell vorbei gewesen, dass man hätte meinen können, wir machen's gleich noch mal. Vielleicht werden wir diese Geschichte noch unseren Enkeln erzählen und uns dann bei ihm/ihr verdünnisieren, weil wir überall erwünscht wären außer bei ihr/ihm an diesem einzigen Ort, der Erde, welche wir nicht nur im Traum zum Paradies machen könnten – wenn wir nur wollen, können wir unser Leben in den Griff bekommen!

So war es stets und so ist es noch!

Es war einmal eine heile Welt, in der stets alles funktionierte. Sie wurde zwar immer schlechter – bis sie sich dann plötzlich besserte!

Wie kommt es, dass es immer alles schon einmal gegeben hat? Gab's schon einmal eine kleine Welt wie unsere? Gab's schon einmal ein Universum? Gab's schon einmal jemand wie mich? Wohl kaum! –

Was schon war, ist noch immer, und alle sind heute realitätsbezogener und zurückhaltend neuen Ideen und Plänen gegenüber! Niemand ist eifersüchtig auf mich! Bin ich eifersüchtig? Auch nicht. Und das beruhigt mich!

Hat man früher alles in Worte gefasst, um sie zu überliefern?! Oder um den Nachfolgenden mitzuteilen, dass es einmal bessere Zeiten gegeben hat? Oder einfach weil man nichts Besseres zu tun gehabt hat – oder um sie zu überliefern?

Nun, schlecht waren die Optionen nicht gewesen, auch nicht die Absicht, dass man es überliefert haben wollte! Und es dann auch tat. –

Aber ist die Moral noch die gleiche wie früher?(!) Ich würde die Frage mit einem „Ja!“ beantworten! Nun – die Leute haben weniger Beziehungen, aber mehr Geld! Und trotzdem kaufen sie weniger, weil sie genug Geld für die Zukunft haben wollen. Genug, obwohl sie trotzdem weniger arbeiten?!

Es kann auch nicht die Absicht sein, nun zu leben und die Leute das Fürchten zu lehren! Oder weil man alles schon erreicht hat, irgendeinen Entschluss zu fassen, wofür es sich angeblich lohnt zu leben, indem man sich die Mühe macht, allen, die sich dafür interessieren, irgendetwas Abstruses klarzumachen! –

Man kann auch nicht jemand werden, der man nicht ist!! Also man bleibt am besten so, wie man zur Welt gekommen ist, und versucht nicht, auch nicht vorübergehend, jemand zu sein, um gewisse Leute zu strafen oder um es ihnen heimzuzahlen!

Da kann man leicht sagen: Man muss mit der Zeit gehen! Vielleicht sollte man eher mit Gott gehen!!! Jedenfalls muss man den Frieden auf Erden walten lassen! Wie Jesus zu alten Zeiten, aber auf moderne Art und Weise!

In der Regel sind die grundlegenden Dinge wie früher, aber die Zeiten haben sich gewandelt, und während die einen moderner geworden sind, sind die anderen altbacken geblieben! Es gibt jedoch auch ehrenwerte Leute, die sind so altbacken, wie man es nur sein kann, und die haben trotzdem das modernste Handy. Nun, ein Telefon braucht es natürlich, könnte man sagen! So stehen die Dinge und sind ständig so geblieben, wie sie gewesen sind. – In guten wie in schlechten Tagen. In Gesundheit und Krankheit!

Quälende Geister!

Und gehst du nicht willig, so brauche ich Gewalt! Wer kennt sie nicht, die bösen Absichten quälender Geister, die einen immer dann plagen, wenn sie am wenigsten erwünscht sind! Sie haben aber auch ihre guten Seiten, weil sie dann auftauchen, wenn es bitter nötig ist. Sei es, um irgendein Hirngespinst auszutreiben! Hirngespinste, die einem helfen, vom eingeschlagenen Ziel abzukommen oder ggf. es stur zu verfolgen!

„Oh, du Geist der alten Zeiten, sie sind vielleicht vorbei, kommen bald sie wieder, lass uns deren Offenbarung kriegen!" Das ist ein abgeänderter Vers von Siam Coloreuse. „Birnenschnitz, Birnenschnitz – Apfelschnitz, Apfelschnitz! Lass und kriegen auf die Schnitz!" Und dann taucht einer von ihnen auf – irgendein Quälgeist; und das Ganze beginnt von vorn. Wer kennt sie nicht, all die Leute, die einen vom richtigen Weg abbringen wollen?! Einzig darauf bedacht, einen zu fangen – einen der guten, bösen Geister irgendeines normalen Menschen – der betont normal bleiben will! Oder einfach seine Sachen machen will! Dies kann den stärksten Mann umhauen und ihn einfach vom rechten Weg abbringen. Der eigentlich für ihn immer gegolten hat!

Will man sich denn immer wehren? Um seine Rechte kämpfen? Nein, in der Tat nicht! Ich weiß nicht warum, aber man weiß aus Erfahrung, dass man in der Regel ein Jahr stur um irgendeinen Entschluss kämpfen muss, bis er akzeptiert wird. Warum das so ist, wissen auch nur irgendwelche Geister! Aber ein Jahr ist nicht zu lang und auch nicht zu kurz, sondern geht genau ein Jahr!

„Du Quälgeist, warum gehst du mir nicht aus dem Weg?!", wird man sich dann fragend wehren. Aber schlussendlich muss ich doch selbst wissen, was ich zu tun habe! Geht's dich was an?

Ja, wenn ich mit reingezogen werde. Aber im Großen und Ganzen verfechte wir die gleichen Dinge und will dich trotzdem loswerden, weil du sie verhinderst! Warum das so ist, weiß niemand; desgleichen, warum wir uns immer in die Quere kommen auch nicht; offenbar haben wir uns trotz allem noch etwas zu sagen!

Sie werden sich nun fragen: Warum kommt nicht mal ein angenehmer Geist? Ein williger Geist, der sich offenbart, ohne anzuecken? Jemand, mit dem man sich versteht und mit dem man sich gerne unterhält und mit dem man gerne zusammen ist? Der kommt noch früh genug! Denn wenn man mit sich zufrieden ist, dann kann man auch auf jemanden zugehen, weil man zu sich stehen kann und sich nicht schämt mit sich!

Die eigene Offenbarung, etwas anderes und Besseres gibt es nicht! In sich und um sich herum sieht es dann auf einmal ganz rosig und zufrieden aus!

Offenbarungen! Aber welche?!

Offenbaren kann man sich auf verschiedene Arten und Weisen! Man kann sich auf eine und viele Arten verkaufen; und in einer Weise, die man als bodenständig oder verschiedenartig-verrückt bezeichnen könnte! Einer unserer Nachbarn wollte mit einem verrückten Huhn durchbrennen, nun sitzt er mit einer kugelsicheren Weste da! – Nur um ein Beispiel zu nennen!

Ein anderer Nachbar ist Künstler geworden – wohingegen der andere einen festen Job beim Staat hat!(?) Dies ist ein weiteres Beispiel!

Ein Dritter ist Penner, Gelegenheitsarbeiter und staatenlos geworden. Einer war das schon immer. Wiederum ein anderer hat zehn Kinder adoptiert. Und noch jemand fühlt das Glück an sich vorüberziehen und schreibt deshalb auf Chiffre-Inserate. „Seeking a girl/a boy!" Aber ohne Erfolg! Sie sind aber trotzdem glücklich und beginnen wieder von vorne mit ihrer Tätigkeit.

In einem anderen Buch steht: „Wenn ich mal groß bin, werde ich eine berühmte Schriftstellerin und Meisterspionin … um *beide* Berufe schon mal zu üben …" Wiederum ein anderer kam, sah, siegte! Und andere haben alles verloren. Sind aber noch glücklich und beginnen …

Wiederum andere lernen Englisch und sagen: „Fetch a doctor! And I need a big rucksack and nothing else!"

Nichtsdestotrotz immer schaffen ohne zu rosten und ohne Einhalt zu gebieten! Wiederum andere stehen auf Seite drei – ohne mal drei Kleidungsstücke am Leibe!

Die Offenbarung Christi ist wieder ein anderes Thema für so mach anderen. Und so wurden sie Mönche und Priester! –

Aber es gibt auch welche, die einfach so in den Tag hinein leben wollen! Bewusst? Oder haben sie das immer schon getan? –

Andere versuchen sich im Traumdeuten und so manche sind auf den Brettern, die die Welt bedeuten zuhause. Es gibt aber auch welche die Gardinen weben, und wiederum andere wandern hinter schwedische Gardinen! Es gibt so viele Weisen sein Leben zu leben!

Wiederum andere *fighten* um ihr Leben, werden lebenslänglich(e) Poeten. Aber nur im Traum, so war es stets und so ist es noch, gibt es Dinge, die es nicht zu erreichen sich lohnen!

Gefängnis muss man nicht immer verdienen, man kann aber auch dort noch am Leben bleiben. Gardinenpredigten inklusive, während andere frei denken und sich frei bewegen in einer offensichtlich freien, geistigen Welt! Nur Mut, es kommt schon gut!

Die Geister, die ich rief!(?)

„Oh, du Geist der alten Zeiten …!“ Dem entronnen und man ist nicht nur wohlbesonnen! Geister kann man rufen, sie bleiben vielleicht nicht nur eine Weile, aber schlussendlich machen sie Sinn! – ?

Geister können eine Geistwende bringen, aber nun schau einer an! Da kommt ein kleiner Wicht von einem Geist und sagt: „Ich bin gekommen, um dir etwas zu sagen!“ „Na ja, nun bist du erstmals hier und vielleicht kannst du gleich bei mir einziehen!(?)“ Und dann kommt ein anderer Geist und sagt: „Vielleicht ist das doch nicht das Richtige: Du hast nicht seine/ihre Größe!“

Und was nun? Jetzt bin ich pikiert und gleich weit gekommen. Ich sehe mich um und sage: „Ich brauche einen neuen Geist, der die Wende bringt. Den Erfolgsgeist – den Wissensgeist – und … Und den Heiligen Geist – der Größe zeigt!(?)“

Die Wende an Geister sind fast wie Kobolde. – Das sind wichtige Wichte und wohingegen man dem Teufel eher nicht trauen sollte. Schlaufen ziehen Schlaue und Schaumeier!

Viele sind geistreich, auch Geistliche und Reiche, Leutselige und Schläuche in den Armvenen der armen Säue!

Kabelsalat, sind das auch Geister, die ich rief? Schillernde Dichter, gottselige, geistreiche Poeten, sie arbeiten und träumen durch die Gefühle von sich selbst!

Geister muss man manchmal loswerden, so schnell austreiben, wie sie wachsen auf Bäumen, die von Flechten bewachsen sind!

Nudelsalat, das sind im Prinzip keine Geister die man ruft, aber eine gute Tat des Küchenchefs. –

Und die Geschichte von der Alten, die mit dem Nudelholz zu Hause hinter der Küchentür wartet? Eine oft erzählte Geschichte, die zum Schmunzeln anregt und auch den Geist der

Beziehungen zum Schmelzen bringt! – Oh, du Geistwende in der Gerüchteküche der schon bestehenden Dinge!

Anmelden – abmelden. Fusion und Akquisition von immer größeren Firmchen, die nicht dem Geist der Zeit entsprechen, aber den Markt stillen an Nachschlag. Wie eine Nachspeise, die zur Gewohnheit wird!?

Es gibt für immer etwas, was nicht gut ist. Die Guten ins Kröpfchen und die Schlechten sind zu entfernen. Und das komische Ende kommt dann doch: Mal Jacke wie Hose, warum nicht immer nur das eine oder das andere? Eben die Geister, die ich rief! Die kommen wahllos daher und ich weiss was ich kann. Ich muss sie nur aussuchen die Geister von guter Rasse! – Jetzt drücke ich auf *Off*!! Und das war's dann! Nur ein Geistreicher blieb – von den Geistern, die ich rief!

Ein Troll ändert sich?!

Es gab immer schon Leute, die sich weigerten, sich irgendwie zu ändern. Und dagegen ist normalerweise kein Kraut gewachsen! Aber wenn Personen, die nicht in Ordnung sind, sich nicht ändern, dann muss man nachhelfen!

Dies ist nur dann nötig, wenn andere – oder die schlimmste Variante – wenn die Welt in Gefahr ist oder der Weltfrieden auf vagen Füßen steht oder die Türangel nicht hält!!!

Ein Troll ist jemand, der sich stur widersetzt oder sich nicht klarmachen lässt, dass er nicht in Ordnung ist! Oftmals werden solche Leute dann entfernt! Aber erst, wenn „Finalstation" ist. Meistens ist dann das Problem so weit fortgeschritten, dass man den entstehenden Schaden gerade noch rechtzeitig verhindern konnte!

Doch wie kann so ein Troll entstehen? Doch nicht einfach aus dem Nichts? Meistens findet man im Nachhinein keine zufriedenstellenden Erklärungen. Vielleicht hat man den Sinn nicht verstanden! Oder niemand war zuständig. Oder die Erklärung liegt auf der Hand: Es war noch zu früh oder man war gehindert durch Gesetze, die ein Eingreifen verhindert hatten. Und wenn es kein purer Zufall gewesen war, dann haben wir jetzt die Erklärung: Es war halt das Schicksal des Allmächtigen! – Oder die Macht eines diabolischen Wesens?!

Die verborgenen Kräfte der Kräfte oder die Macht der Mächte!

Doch wie immer gilt: Wir lernen aus unseren Fehlern. Und das ist die Hauptsache!

Jedoch hat sich in letzter Zeit alles zum Guten gewendet und die Mächte haben sich beruhigt! Einfach gut, nicht wahr? Man hat sich ganz schön geändert! Und vor allem: In der Ruhe liegt die Kraft! Aber auch aus laut gewordenem Lärm kann man etwas lernen! Sie entmachten das Alleinsein und wenn die Stimmung nicht übertrieben ist, gibt sie dem Reiz Würde und man verliert die Ängstlichkeit. Sie dient allein als Hilfestellung in Recht und Ordnung eines jeden selbst!

Edelmut könnte man es auch nennen und zu guter Letzt: die glänzenden polierten Glatzen der Dächer der Häuser und ihr strahlender Glanz, der niemals ganz erloschen war!

Da kann man nichts anderes machen, als Größe zu zeigen, und auf befruchtenden Widerstand hoffen!

Nun kann man wieder träumen, Träume vergessen und nun gilt es, zur richtigen Zeit am richtigen Ort zu sein. Und vor allem: Träume wieder deine Träume, im Traume der Zukunft!!(!)

Rollmops – oder der Hund Kenzo!

Wie eine Dampflokomotive kam er auf mich zugejapst. Freude pur. Und ich musste ihn streicheln. Den Hund Kenzo. Darauf ließ er seine Zunge heraushängen –, wie wenn er lächeln würde! Für mich war die Freude genauso groß! Gelächelt wie ein Mensch hat er nie. – Doch warum? Konnte er das nicht? Oder hatte er nichts zu lachen? – Hätte er lieber geweint? – Jahre später frage ich mich dies! Ich glaube fast ja. Doch warum? Vielleicht dachte er wie viele Menschen – und das als Hund: „Niemand mag mich? Doch warum? Er schien doch ein akzeptabler Hund zu sein?! Dachte etwa jemand, er sei ein Sauhund? Nein, das konnte doch nicht sein! Er war männlich, sauber, obwohl er ganz schwarz war, versuchte in seiner stillen Art und Weise zu gefallen, doch an irgendetwas haperte es, jedoch konnte er dies niemandem erzählen, nicht einmal, wenn er es gewollt hätte! Oder vielleicht doch?! Nun –, Jahre später ging bei mir ein Licht auf und nun weiss ich, was er hatte! Jedoch schweige ich nun!

Ich muss es hinnehmen und einfach schweigen!!! Ich kann's niemandem erzählen, ich berichte deshalb weiter über andere Dinge, über andere Menschen, jedoch er war keiner. Er war nur ein Hund und zu guter Letzt ein ganz kleiner, der nun durch mich von sich erzählt!

Er lebt noch, er ist nicht tot, und offenbar war er aus Grund seiner Größe und Jugend trotzdem so wichtig gewesen und er war in seiner Erinnerung noch gegenwärtig!? „Ich musste, ich musste!", höre ich ihn telepathisch aus der Ferne rufen.

Das übersteigt auch mich in dieser Aufgabe als kleinkarierter großer Schriftsteller zu rufen: „Ich höre dich! Ich höre dich!" Doch ich als Schriftsteller bringe es nicht fertig, das zu rufen, so dass ich sagen kann: „Ich rief den Wehschrei! Ich komme wie er japsend auf euch zu und rufe: „Ich bin genauso groß wie der Hund in seiner Art klein ist! Und der Hund verlor das Kleinsein und die sauhundmäßige Schweinerei, er röchelte, und Mann und Frau verzogen die Gesichtszüge bei diesem schändlichen Tun!!!

Er hat es überlebt, die Reue ist groß, jedoch hat er immer noch Alpträume im Schlaf, wenn er ehrlich ist!

Er japst nicht mehr. Er geht, in einer Mischung aus Watscheln und Stolzieren! Obwohl nur klein, der Hund war so groß in seiner kleinen Größe!

Ein Kein-gerne-groß und in seiner Offenbarung noch immer präsent. Aber, vielleicht wie eine Katze eine Persönlichkeit. Zora vielleicht. Er nimmt sie seit Jahren wahr, obwohl, sie ist nicht nur ein schüchternes Abbild eines Antlitzes ist, ist sie sein bester Freund!

Der Bernhardiner Branko!

„Ja, ja, so ist's!" Es kommt mir so vor, als ob er dies immer sagen würde. Und dann fühle ich mich bestätigt und gehe meinen Weg weiter! In Ruhe und Frieden und in der Offenbarung meiner respektvollen Person – bestätigt und gesättigt!

Er ist ein Felsen in meinem Leben, Branko, als ob es ihn gibt! Und vor allem ist er ein Teil meiner selbst, der nicht gleichgültig ist! Und dass das so ist, daran habe ich keine Zweifel.

Er ist die Ruhe, der friedvolle Teil meiner selbst, wenn ich daran denke, geht's mir gut. Wenn ich nicht mehr weiterweiß, denke ich an ihn, den Bernhardiner Branko. Auch wenn es nur ein Hund ist.

Er fährt nicht mit dem Schiff, nicht mit dem Flugzeug, ist Teil meiner Spaziergänge und trotzdem ist es kein Mensch, sondern ein niedlicher, kleiner Bernhardinerhund. Niemand lacht, wenn ich ihn irgendwohin mitnehme, alle haben ihn gern, verhätscheln ihn, aber – wo ist er denn, der Bernhardiner, den alle so vermissen?

„Das hat Zeit", bemerke ich immer wieder. „Ich habe alle Zeit der Welt, der ruhige Pol bin ich selbst und in Anbetracht dessen brauche ich ihn nicht sofort!"

Ein Bernhardinerchen ist stark – wie ein Pferd?!

„Einen kleinen vielleicht?"

„Nein, ich brauche kein Schoßhündchen. Etwas dazwischen, ein Schiff habe ich schon, auch wenn es nur ein kleines Rettungsboot ist!"

„Und Sie meinen, der hat im Boot Platz. Und er will überallhin mitkommen?"

„Ja. – Nein."

„Und wenn Sie sich ein Unterseeboot besorgen? Oder eine Jacht?"

„Na, mach' keine Witze. Ein großes Boot vielleicht, einen Frachter?" Ich winke ab und sage: „Ein Motorboot vielleicht? Einfach ein Boot, Branka wird schon auftauchen, es gibt sie ja in vielen Ausführungen und ausstatten kann sie sich selber!"

„Und in welcher Ausstattung? Soll sie die schon haben?"

Ich lächle und sage: „Jaaa, wäre wünschenswert!"

Er reicht mir zum Abschied die Hand und sagt: „Kommen Sie wieder – ich habe jede Menge Zeit, auf ein Bier vielleicht?"

„Ja, gerne. Sie wissen ja, die Zeit ist rosig und Zeit habe ich genug."

Na also, da haben wir den Hund der Offenbarung, in einem Refugium von Fantasie und Zukunftsplänen – in einer mühsamen, aber wichtigen Zeit ...!

„Ich bin's, Tuffy!"

Wie süß, wie niedlich du bist, Tuffy! Wenn du kommst, reibst du dein Köpfchen an mir, und das sagt mehr als tausend Worte! Als du zu uns kamst, warst du winzig klein, aber alles hast du gemacht nur fein!

Ein Jahr später hast du gemacht, auch fein, ein winziges kleines Kätzchen und es geboren unter meinem Bette! Wir wussten damals nicht von welchem Kater?! Sicher ein stattlicher Herr, der Herr Kater!

Es gab nur eines zu bemerken, es gab nur ein Kätzchen! Früh übt sich, wer einst ein Meister werden will!

Im Winter ist sie wie ein kleiner Hase, im Sommer eine kleine Oase! Im Herbst, da raschelt sie in den Blättern, im Frühling wie eine weiche Decke. Eines Tages kam sie gesprungen daher und verlangte nach mehr und sagte: „Du Nopel, ich brauche Streicheleinheit und ein Platz in deiner Nobelherberge!"

„Ich hab' nur ein kleines Haus", so sagte ich. „Ziemlich wenig Bourgeoisie!"

Heute wollte sie plötzlich etwas besprechen, es sei wichtig! Also gut, Katze, du sitzt ja schon wieder auf meiner Matratze.

„Es gibt ein Problem, ich bin Katze, du bist Mensch, also darf ich sitzen auf deiner Matratze?"

„Selbstverständlich darfst du das, aber heiraten können wir nicht, denn kein Mensch würde uns das glauben!"

„Aber was mache ich, wenn du nicht mehr da bist? Soll ich dich besuchen irgendwann, irgendwo? Denn das ist kein Problem, ich sag nicht wie, aber ich würd's tun, ich werde dich finden, denn ich bin kein Huhn!"

„Also gut", sagte ich. „Ja, das gilt! Aber was machen ich mit meinem Kilt, den hast du gekillt, er ist voller Haare, im Sommer gewiss zu offenbaren!"

Aber dann wollte sie gehen, offenbar schien sie zu verstehen! Ich bin ein Mensch, sie war 'ne Katze, einen Katzenmensch wollte ich nicht schaffen, und sie wohl auch nicht!

Bis heute ist sie immer wieder aufgetaucht in meinem Leben, Gesundheit und Krankheit gab's auch schon. Von beiden Seiten – wie auch immer!

Ich könnte Bücher füllen über diese Katze. So viel haben wir erlebt zusammen. Aber sie ist der Inbegriff der Freundschaft. Ich glaube sogar, sie würde es schaffen, diesen Text zu lesen! Denn warum soll eine Katze nicht lesen können?

Wir hatten selten Streit! Und wenn es katzenhagelt, dann liegt sie unter meinem Bett. Das ist ein großer Trost!

Reh im Walde oder das Re in der Medizin?

Rekurs kann ein jeder einlegen! Das Re-Medikament für irgendeine Substanz bekommt fast jeder!! Aber ein Reh im Walde sehen, das erreichen nicht alle Menschen!!!

Manchmal muss jeder Größe zeigen! Es gibt aber meiner Meinung nach immer weniger kleinkarierte Menschen! – Natürlich können nicht alle ein speziell originelles Leben führen, jedoch kann fast ein jeder etwas aus sich machen, aber sicherlich kann jeder das werden, was er werden will oder so ähnlich!!!!

In letzter Zeit braucht es für vieles das Re. Besonders in der Medizin gibt es – seit Neuestem – immer Leute, die eine Re-Substanz haben wollen, weil sie eine Nebenwirkung eines bestimmten Präparates nicht ertragen können! Endgültige Wirkung zeigt so etwas auch erst nach einer Weile, weil die Nebenwirkungen bei einer Re-Substanz genauso grauenhaft sind wie die der Pre-Substanzen – wenn nicht sogar noch schlimmer!

Doch mit „re" kann man auch etwas anderes meinen, wie z. B. sich erholen, in dem man in die Ferien geht oder eine Fahrt aufs Land macht, oder auch die Befreiung von irgendeiner Schuld und Plage, die so schlimm selbst aufzubringen ist, dass man es niemals alleine schaffen kann!

Aber um nochmals auf das Reh im Walde zu sprechen zu kommen: Ein Reh lässt sich nur sehr selten beobachten. Rehe sind sehr scheue Tiere; und wenn man sie beobachten kann, dann grenzt dies an ein Wunder! Aber es gibt noch eine andere Art von Reh: Und zwar wenn jemand wie ein scheues Reh ist und ängstlich davonhüpft! Vielleicht sind Rehe scheu, weil sie selbst auch kaum jemand zu Gesicht bekommen! Aber Angst kann ein Reh auch haben, weil sie betont feindseliger sind, als man insgeheim annimmt und das schützt sie vor Gefahren, genau wie die Angst!

Es gibt nicht viele Männer, die scheu wie ein Reh sind. Aber bei vielen Frauen ist die bewusste Überlegenheit oftmals nur gespielt, aber sie sind trotzdem schüchtern wie scheue Rehe. Es gibt aber auch Frauen, die diese Selbstsicherheit wirklich besitzen; sie können Karate, hatten Boxunterricht oder eine intellektuelle Ausbildung, die sich sehen lassen kann!

Nun, diese Wechselwirkungen – wie wir aus der Medizin kennen –, sind oftmals erst in der Jetztzeit in so vielfältiger Form gebräuchlich! Waren wir doch alle irgendwie vor einer Weile am Ende der Kräfte gewesen, so erholen wir uns nun prächtig auf eine Art und Weise, wie es nie vorher geschehen ist!?

Viele ziehen als Metapher ein Reh im Walde vor, anstatt irgendeiner linken Tour eines Staatsobermaiadilys. Und das bedeutet, dass wir gar nicht mehr anders können, als das Re(h) in Kauf zu nehmen! Viel mehr gibt es nicht dazu zu sagen!

Schlauderi Schlaumeier und ihre (Fotze!)

Immer wieder kommt es vor, dass Frauen über einen sensationellen Körper verfügen! Aber was geschieht dann? Natürlich nicht alle, aber die Mehrheit solcher Frauen ist sich dessen bewusst und versucht, Kapital daraus zu schlagen! Gnade euch Gott, ihr Männer, wenn ihr mir in die Quere kommt, dann offenbare ich mich in einer Weise, dass euch Hören und Sehen vergeht!

Es gibt Frauen die haben entweder nur einen prächtigen Körper oder sind ziemlich intelligent! Eine Frau die beides hat, hat meistens eine sensationelle Karriere vor sich, und das ist natürlich auch so in Ordnung! So ein Körper muss natürlich auch gepflegt werden und das kostet auch nicht nichts! Eine, die dies schafft, hat den Erfolg verdient! Denn es gibt selten Männer, die außer einem sensationell beherrschten Spezialgebiet auch über einen sehr gepflegten und muskulösen Körper verfügen und den auch bewusst einsetzen!

Ich habe z.B. noch nie eine äußerst erfolgreiche, hässliche Schauspielerin gesehen oder ein hässliches Biest von einem Model, etc.

Es gibt aber äußerst erfolgreiche Geschäftsmänner, die nicht gerade attraktiv aussehen und es aber trotzdem schaffen eine hübsche Frau zu finden!?

Warum? Das frage ich mich schon lange! Ein Mann kann sich doch auch hübsch machen lassen, wenn er genug Geld hat! Denken wir an Fitness, Massage, schöne Kleider etc. Nun, vielleicht wird sich dies in Zukunft etwas ändern, denn süße Frauen wollen auch einen hübschen Mann haben, der angenehm ist und nicht nur Geld hat!

Doch warum machen Frauen dies mit? Das frage ich mich auch schon lange! Denn nicht nur eine Frau lebt lange! Auch Männer verstehen es sich durchzusetzen, und dies nicht mal so schlecht! Oder? Somit ist es zwecklos, einen alten hässlichen Mann zu heiraten, in der Hoffnung, dass er bald stirbt! – Auch Männer machen solche Dinge manchmal, aber trotzdem versuchen sie dies viel weniger, weil sie am Antlitz einer hübschen jungen Frau interessiert sind, denn junge Männer können nicht mit kurz vor dem Tode stehenden Frauen! – Warum dann junge Frauen mit einem alten Mann?

Vielleicht mögen Frauen eher interessante Männer und Männer eher irgendwelche Flittchen, aber vielleicht langweilen sich die Frauen weniger und die Männer haben mehr Spaß!

Wie auch immer: Niemand ist perfekt! Und niemand kann alles, aber immer mehr junge Menschen versuchen das zu machen, was ihnen am meisten bedeutet und ihnen am meisten bringt! Eben: La vie comme il faut – mais toujours mieux!!!

Schlitzboykott?!

Nun, es wird wohl ein jeder wissen, von welchem Schlitz es Nopel hat. Doch da stellt sich zuerst die Frage: Wer, d.h. welches Geschlecht boykottiert!? Viele Männer boykottieren den Schlitz auf verschiedenartige Weise. Genauso gibt es Frauen, die sagen: „Man darf alles außer das!" Und dann gibt es jene, die meinen: „Ich finde, dies gehört einfach dazu!" Wer nicht mehr ganz so boykottiert, ist die Kirche. Es gab mal jemand, der wollte Mönch sein, aber nicht keusch sein! Ob dies wirklich ins Leben gehört, ist wohl klar, denn sonst gäbe es uns alle schließlich nicht! Es gibt jedoch Leute, die behaupten, es gäbe wohl kaum einen Weg, die eigene Sexualität mit Anstand auszuleben!(?) Ich selbst glaube dies aber! Pornografie mit Anstand zu konsumieren, ist dagegen schon schwieriger!(?) Jedoch die Libido in der Kirchengemeinschaft zu integrieren, ist auch möglich, denn sonst gäbe es entweder die Kirche oder uns alle nicht!

Es werden immer wieder Stimmen laut, die fordern: Man/frau soll die Sexualität auf nur eine Art und Weise ausleben, und wenn man dazu den Mut hat, dann darf man das tun – man muss sich aber daran halten und sollte es immer gleich machen!

Es gibt bezüglich dieser lauten Äußerungen von irgendwelchen vorlauten Personen nur wenige, die sich das nicht reinreden lassen! Denn man muss nicht immer nur mittwochs und freitags, oder immer um Viertel nach Acht Uhr, oder einmal und dann nie mehr. Oder nur gegen Cash oder – schon eher – stur mit nur einer ganz bestimmten Person! Ich verstehe ja, dass man als Mönch keusch sein soll; und wenn man das will, dann geht dies in Ordnung, aber wenn man das dreht und wendet und umgeht, da kann es einem schon anwidern!???

Ihr seht, es gibt vielerlei zu reden. Am besten überlegt man sich, was man will, und versucht, dazu zu stehen! Aber nicht alles drehen und wenden, bis alles geht: Denn niemand braucht alles, macht alles, kann alles und will alles!?

Es gibt Personen, die sagen: Man/frau kann nicht alles, was man will, erreichen, aber nur so zu tun, ist auch nicht in Ordnung!

Lieben kann man nicht alles, genauso wenig wie man *abartig* mit *andersartig* verwechseln kann. Man kann eine Person lieben, aber nicht, wenn man sie ändern will! Denn schlussendlich sind wir doch alle Menschen und irgendwie auf die gleiche Art und Weise entstanden.

Träume kann man verwirklichen, genauso wie er bzw. sie eine(n) bestimmte(n) Partner(in) finden kann, aber jemandem den Schlitz verbieten – ohne dass es einen Grund gibt –, das wäre unmenschlich und grausam. Das liegt doch auf der Hand!(?) Oder etwa nicht? Vielleicht sollten die einen oder anderen etwas sein lassen.

Die Flims drückt! Kann das sein?

„Natürlich nicht!“, antwortet die Großmutter. „Selbstverständlich nicht“, antwortet auch die Enkelin. Der junge Sohn hört, wie jemand dies sagt. „Doch“, antwortet der Vater, „meine drückt schon seit Jahren. „Ich brauch bald eine neue“, gluckst der Großvater glückselig. „So eine neue Erfindung ist es auch wieder nicht! Dies gibt’s schon seit Jahrtausenden!“

„Ja, und ich fühle meine auch!“, bestätigt der Junge und fügt hinzu: „Warum habt ihr nichts gesagt?“

„Ich will noch keine“, meint die Tochter. „Ich brauche so eine neumodische Erfindung nicht. Ich kratz bald ab!“

Wie kommt es, dass es so etwas gibt? Und niemand redet offiziell darüber! Trotzdem wissen nicht alle darüber Bescheid, und trotzdem gibt’s Leute, die sterben! Und Leute, die das nicht haben und trotzdem nicht sterben?(!)

Mann schafft es fast nicht ohne, muss es aber respektieren, wenn einige nicht eine haben wollen und nur so lange leben wollen, wie es der Körper mitmacht!

„Nun, man kann tausend Jahre alt werden ohne eine Flims – deswegen habe ich keine, ich hab manchmal Sex, das reicht auch!(?)“, sagt der Schwiegersohn.

„Du hast selber eine!“

„Moment, was soll das heißen?“, fährt er seine Frau an. „Wenn ihr mir eine einsetzt, ohne dass ich es weiß, dann könnt ihr was erleben!“

„Ich brauch eine!“, ruft die Großmutter. So, jetzt ist es entschieden.

„Du hast doch deine Kräutchen, Omi?!“, seufzt der Enkel vor Glück.

„Kann ich meine durchschneiden lassen?“, fragt der 50-jährige Sohn, der wie fünf aussieht. „Ich bin zu jung für so etwas gewesen. Ich will Professor werden, das geht nicht als Kind. Ich hatte doch gesagt, dass ich dies nicht haben wollte!“

„Junger Mann“, sagt sein Vater. „Wenn ich so jung wäre wie du, dann … zack! Jetzt bleib klein. Du spielst doch so gerne.“

„Aber ich habe einen Professor gesehen im Fernsehen, er hat gesagt …“

Ihr seht, die Sorgen und die Diskussionen reißen nicht ab. Ob Flims oder nicht Flims – man ist dadurch kein besserer, zufriedenerer Mensch. Schlimm ist es bloß, wenn man den Wunsch nach einer Flims hat und sie sich nicht besorgen kann! Es gibt zwar Mittel und Wege auch ohne, jedoch endgültig ohne Sorgen kann man nicht sein. Sie sollte jedoch niemandem verweigert werden, jedoch auch nicht aufgezwungen werden.

Aber das Leben ersetzen kann sie nicht, geschweige denn das endgültige Ende! Aber sie ist eine Option, eine gute sogar!!!

Macht der Unsterblichkeit?!

Ein Thema seit Jahrtausenden, wenn nicht sogar seit Millionen von Jahren! Einerseits werden die Erkenntnisse darüber geheim gehalten, andererseits werden diese Substanzen und andere Dinge, wie Techniken und was man darüber weiß – je nach Kultur – von Generation zu Generation weitergegeben!

Es gibt auch eine Philosophie, dass jedes Ding und jedes Lebewesen eine eigene Uhr intus hat, die tickt und tickt und irgendwie schon weiß, wie lange jedes konkrete und abstrakte Individuum lebt – egal wie lange die Lebenserwartung zu sein scheint! Das kann jedoch eine Utopie sein! Aber mir leuchtet das ein, obwohl es besser ist, wenn man es niemals weiß, weil man sonst in einer Weise, die man *berechnend* nennen könnte, darauf vorbereitet ist! Ob dies dem Zufallsprinzip oder dem Schicksalsprinzip unterworfen ist, sei dahingestellt! –

Gäbe es oder gibt es eine Form der Unsterblichkeit, dann wäre es ja aus, weil die Uhr nach der oben erwähnten Geschichte nicht mehr ticken kann! Oder unendlich zu ticken scheint …!!!

Aber bis es so weit ist, braucht es schon einiges an Mühe und Kraft! Ich meine, allein gesund zu leben, ist nicht die absolute Bedingung!? Aber ein bisschen etwas dafür tun muss man wohl schon.

Nun, es gibt natürlich nicht nur Substanzen und Methoden, die das Leben verlängern, sondern auch – und dessen sind sich die meisten bewusst – das Gegenteil, wenn man an all die Kriege und Seuchen denkt, die es jemals gegeben hat!

Man kann nicht einfach nur unentwegt leben, sondern man muss natürlich auch etwas dafür tun, denn wenn man einfach nur konsumiert und keinen klitzekleinen Handschlag dafür tut, dann wird irgendwann der Sensenmann kommen und dem ein Ende bereiten! Und das ist auch richtig so!

Reicht nicht zuerst die Gewissheit, dass man nicht nach 99 Jahren stirbt? Aber man muss früh anfangen, das zu begreifen, weil man sonst das Alter seines Aussehens nicht mehr rückgängig machen kann! Tut man rein gar nichts, lebt man die 99 Jahre und dann ist man tot!

Ist dies auch richtig so? Ich meine, dies ist auch eine Form zu leben. Aber ist es nicht schöner, wenn man sich Zeit lassen kann mit dem Leben – genauso wie mit dem Sterben?!

Es soll mir niemand kommen und sagen: Ich lebe, aber ich denke nie darüber nach, was das bedeutet! Leben wir doch einfach so lange, mehr oder weniger, schön und gut, damit wir nicht sagen können, nicht gelebt zu haben!

Im Namen des Vaters?!

Wer hat schon keinen Vater? Und keine Mutter?! Dass es darum geht, einen Sohn zu haben, ist schon schwieriger! Meistens werden es zwei Nachkömmlinge, ein Sohn und eine Tochter! Und wenn dann wie bei den Katholiken auch noch der Geist mitspielt, was will man mehr!

Dass es ohne den Vater nur schwer geht, wissen alle Söhne, vielleicht sind die Töchter da anderer Meinung! Während die einen den Vater in den Himmel heben, lehnen die anderen Kinder ihn ab!

Viele lieben als Kind seine Späße und hassen ihn, wenn sie erwachsen geworden sind! Viele können kaum ein paar Worte reden mit ihm, wiederum andere plaudern munter drauflos!(?) – Wer kennt nicht das Gefühl: Der Vater erfährt von einer verbogenen Sache, taucht auf und regelt sie einfach!

Ein Vater kann einen beeindrucken oder blamieren! Der Vater gibt einem das Taschengeld, die Mutter ein Butterbrot! Viele Väter sind da, wenn man sie braucht, andere kaum nennenswert! Viele Väter sind Schweine, andere wiederum sind sehr einsam. Ein paar wenige dienen als Vorbild, die meisten jedoch nicht!

Ist man nicht ein Abbild von beiden? Man hat die Hälfte vom Vater und die Hälfte von der Mutter! Aber meistens dreht man dies als Kind, wie man Lust hat!

Die einen sind entfesselte Furien, während die anderen lammfromm sind! Der Vater ist jedoch der Vater, die Mutter die Mutter, und das sind sie, solange sie leben. Die einen ziehen es vor zu sterben, wohingegen die anderen einem dies nie antun!

Männer sind eben anders, Frauen auch! Wenigstens einmal stolz sein auf den Vater, das wäre doch was, denn auf die Mutter ist man es oft, aber auch nicht immer!

Wer kennt nicht die beiden Sprüche: „Wie der Vater, so der Sohn! – Wie die Mutter, so die Tochter!“ Dies ist zwar nicht immer so, aber zur Hälfte ist es bestimmt der Fall! Versinkt man nicht oft im Mittelmaß? Man muss sich die Wahrheit über sich eingestehen!

Ich glaube, er gibt es nicht gerne zu, dass er genauso Probleme hat, das Kind später loszulassen, es groß werden zu lassen!

Aber ist ein großer Sohn nicht der ganze Stolz des Vaters? Aber was ist, wenn er einen Kopf größer ist und wird? Das kann man vielleicht noch akzeptieren, aber wenn einem die Haare ausfallen vor Ärger und Sorgen?!

Der Vater verlangt nicht viel, wenn er alt wird. Manche werden alt, damit die Kinder jung bleiben! Aber das gute Ende kommt noch, denn er ist einfach so, wie er ist, der Vater. Und das muss er für den Sohn bleiben!

Aber die Erinnerung lebt! Oder?

Man lebt zwar in der Gegenwart, die Zukunft offenbart sich, aber erinnert man sich nicht eher an die Vergangenheit?

In der Erinnerung kann man alles erleben! Ich glaube, man ist nur selten froh, wenn man etwas vergisst, oder? Kriege waren allgegenwärtig, aber heutzutage versucht man langsam, sie zu vergessen! Man kann nicht immer mit alten Geschichten kommen und sie einem vorhalten! Oder? Wie schlimm wäre es, wenn man nur in vergangenen Zeiten leben würde? Oder in der Zukunft, weil dies noch nicht passiert ist!

Erinnern wir uns doch besser an positive Zeiten, als der Mensch noch gelebt hat! Und an die Erlebnisse der Menschen, die nicht mehr leben und nicht nur Rauch und Flammen hinterlassen haben! Rauchende Colts sollen erkalten und sich in Zukunft nicht mehr offenbaren! Oder?

Gegenwärtig tun sich Dinge, die kaum zu glauben sind, weil vielen ihr Leben bewusster leben. Was sie eben machen? Und was sie eben tun!

Die Erinnerung wird einem bewusst, wenn man über die Zukunft nachdenkt und merkt, was passieren könnte! Aber ist nicht alles, wie es so schön heißt, Schicksal? Oder ist das Schicksal ein Zufall?

Wir können unser Schicksal nicht einfach dem Zufall überlassen! Denn wir sind nicht Gott selbst, obwohl wir auch etwas Göttliches in uns haben! Ein Funken von Gott, der überspringt bei der Zeugung neuen Lebens?!

Beginnt die Erinnerung nicht mit einem Bruchteil der Zukunft, indem einem bewusst wird, was passieren könnte, wenn dieses oder jenes passiert?

Viele leben geradezu in der Erinnerung, als Samenkorn für Zukünftiges! Die Weisheit ist Vergangenes und offenbart sich in der Zukunft und lebt in der Gegenwart!

Die Zukunft der Menschheit soll nicht in einer Blockade aus Vergangenem leben, aber auch nicht zu Vergangenem werden! Die Zeit scheint blockiert zu sein in einer Offenbarung vergangener Zeiten! Oder?

Jedoch, was will man mehr, als die Vergangenheit zu vergessen, die Zukunft zu integrieren und in der Gegenwart zu leben? Aber es ist nicht so einfach, die Vergangenheit zu vergessen.

Vor allem wenn man Menschen verloren hat und neue wiederfinden muss!

Die Zukunft soll Grenzen haben, genauso wie die Offenbarung der Zeit! Jedoch scheint alles seine Grenzen zu haben, die man zuerst kennen sollte, bevor man sich fortbewegt und expandiert in Zukunft.

Aber, die Erinnerung lebt für die Zukunft der Zeit! Und in ihr und um sie und mit ihr und vielem und auch mit anderen Menschen!

Nachwort?

Nach dem Vorwort und den 33 Kapiteln ist das Nachwort nun der krönende Abschluss dieses dünnen Buches! Nun, auch wenn ich das Nachwort nicht jetzt an Ort und Stelle schreibe, denke ich nicht oder noch nicht daran, abzureisen!

Ich werde dieses Nachwort in einem anderen – einem kleinen bis mittelgroßen – Dorf schreiben, das ebenfalls in der Schweiz liegt, und ich habe vor, kommende Woche dahin zurückzugehen und nicht, oder noch nicht, abzureisen! Fürwahr, ich stehe dazu, ich mag nicht alles, was klein ist. Ich mag keine riesigen Menschenansammlungen, da ich ja sonst auch nicht in großen Städten wohne. Ich bekomme in diesem anderen Dorf das, was ich in einem kleinen Dorf nicht bekomme! Zwei Dörfer ergeben ja fast eine Stadt und zu guter Letzt plane ich das Inhaltsverzeichnis der Fortsetzung, nicht im Kleinen, nicht im Großen, sondern im Mittleren!

„Rome und Julige – Die Urbanität der Geschmacklosigkeit! Wenn man das Städtische leicht nimmt!!!“ befasst sich mit den mittleren bis größeren Dingen der urbanen gefälligen Geschmacklosigkeiten eines anderen Dorfes, wo die Geschmacklosigkeit genauso vorherrscht wie die Gleichlosigkeit des kleineren Dorfes! Es kann als pendent(isches) Gleichgewicht zu mittleren verschiedenen Geschmacklosigkeiten angesehen werden! Ich glaube, dass wenn ich es geschrieben habe, ich wissen könnte, ob ich in einer Stadt wohnen möchte oder nicht!

Das mittlere Buch wird wieder Formen annehmen und wachsen und irgendwann beendet sein. Bis dahin!

In Dankbarkeit
Konstantin Nopel

Der Autor

Konstantin Nopel hat nach der Ausbildung zum Schneider in verschiedenen Berufen gearbeitet. Er besitzt ein kleines Lokal, wo man etwas essen und trinken kann.
Nopel hat viel gelesen und spricht mehrere Sprachen. Seine zahlreichen Reisen führten ihn unter anderem in die Schweiz, wo er zeitweise gelebt hat. Sein besonderes Interesse gilt der Philologie, die er als Hobby betreibt.